EL ESPÍRITU SANTO EN USTED

EL
ESPÍRITU SANTO
EN USTED

DEREK PRINCE

WHITAKER
HOUSE

Traducción al español realizada por:
Belmonte Traductores
Manuel de Falla, 2
28300 Aranjuez
Madrid, ESPAÑA
www.belmontetraductores.com

EL ESPÍRITU SANTO EN USTED

Publicado originalmente en inglés bajo el título: *The Holy Spirit in You*

Derek Prince Ministries
P.O. Box 19501
Charlotte, North Carolina 28219-9501
www.derekprince.org

ISBN: 978-1-60374-221-4
Impreso en los Estados Unidos de América
© 2010 by Derek Prince Ministries, International

Whitaker House
1030 Hunt Valley Circle
New Kensington, PA 15068
www.whitakerhouse.com

1 2 3 4 5 6 7 8 9 10 𝖂 16 15 14 13 12 11 10

CONTENIDO

1. Antes de Pentecostés 7

2. El Espíritu Santo en la vida de Jesús........................ 17

3. Lo que ocurrió en Pentecostés.............................. 25

4. El Ayudador morando en nosotros.......................... 35

5. Revelación de la Palabra de Dios 43

6. Levantado a un plano sobrenatural.......................... 51

7. Ayuda en la oración 59

8. Vida y salud para nuestro cuerpo 67

9. Derramamiento de amor divino............................. 75

10. Cómo abrirse al Espíritu Santo............................. 85

Acerca del autor 93

Capítulo uno

Antes de Pentecostés

través de las Escrituras recibimos un conocimiento que no podríamos recibir de ninguna otra manera. Una de las revelaciones supremamente importantes de la Biblia es la naturaleza de Dios. La Biblia desvela un misterio que no podríamos conocer a través de ninguna otra fuente. El misterio es que Dios es a la vez uno y más de uno: tres personas, y un sólo Dios. Las tres personas reveladas en las Escrituras son: el Padre, el Hijo y el Espíritu Santo. Este libro tratará sobre el Espíritu Santo.

Una de las revelaciones más profundas y distintivas de toda la Biblia es la de la persona y obra del Espíritu Santo. Lo primero que debemos entender es que el Espíritu Santo es Él mismo una persona, tanto como el Padre y el Hijo. Debido a los paralelismos humanos, es relativamente fácil para nosotros darnos cuenta de que Dios Padre es una persona y que Dios Hijo es una persona, pero no siempre es fácil ver que Dios Espíritu Santo es una persona.

DIOS LLENA EL CIELO Y LA TIERRA.
NO HAY UN SITIO DONDE DIOS NO ESTÉ.

A través del Espíritu Santo, Dios los sabe todo. No hay nada oculto ante Dios y, a través del Espíritu Santo, Dios está presente en todo lugar al mismo tiempo. Estas dos características están representadas por los términos teológicos *omnisciencia* y *omnipresencia* respectivamente. Esto se despliega en varios pasajes de las Escrituras, como por ejemplo en Jeremías, donde el Señor dijo:

> *¿Soy acaso Dios sólo de cerca? ¿No soy Dios también de lejos?—afirma el SEÑOR—. ¿Podrá el hombre hallar un escondite donde yo no pueda encontrarlo?—afirma el SEÑOR—. ¿Acaso no soy yo el que llena los cielos y la tierra?—afirma el SEÑOR.*   (Jeremías 23:23–24)

Dios llena el cielo y la tierra, y no hay un sólo sitio donde Dios no esté. No hay un lugar donde las cosas ocurran sin que Dios lo sepa. Esto está revelado de una forma muy bella en los versículos iniciales del Salmo 139:

> *SEÑOR, tú me examinas, tú me conoces. Sabes cuándo me siento y cuándo me levanto; aun a la distancia me lees el pensamiento. Mis trajines y descansos los conoces; todos mis caminos te son familiares. No me llega aún la palabra a la lengua cuando tú, SEÑOR, ya la*

sabes toda. Tu protección me envuelve por completo; me cubres con la palma de tu mano. Conocimiento tan maravilloso rebasa mi comprensión; tan sublime es que no puedo entenderlo. ¿A dónde podría alejarme de tu Espíritu? ¿A dónde podría huir de tu presencia? Si subiera al cielo, allí estás tú; si tendiera mi lecho en el fondo del abismo, también estás allí. Si me elevara sobre las alas del alba, o me estableciera en los extremos del mar, aun allí tu mano me guiaría, ¡me sostendría tu mano derecha! Y si dijera: "Que me oculten las tinieblas; que la luz se haga noche en torno mío", ni las tinieblas serían oscuras para ti, y aun la noche sería clara como el día. ¡Lo mismo son para ti las tinieblas que la luz! (Salmo 139:1–12)

¡Qué bello lenguaje! Qué maravilloso despliegue de la grandeza de la sabiduría de Dios. La presencia de Dios está presente en todo el universo. No hay un sólo lugar donde usted pueda ir para ocultarse de Dios, ninguna distancia puede separarle de Él, y ninguna oscuridad puede esconderle de Él. Dios está en todas partes, a lo largo de todo el universo, y Él sabe todo lo que está ocurriendo en cada lugar.

La llave que abre el secreto está en el versículo siete, donde el salmista dijo: "*¿A dónde podría alejarme de tu Espíritu? ¿A dónde podría huir de tu presencia?*". Este es un ejemplo típico de paralelismo en la poesía hebrea, donde las dos mitades del versículo dicen básicamente lo mismo. La presencia de Dios a lo largo y ancho del universo es su Espíritu Santo. A través del Espíritu Santo, Dios está presente en todo lugar; y a través del Espíritu Santo, Dios conoce todo lo que está pasando en el universo en cualquier momento.

El Espíritu Santo ha estado activo en el universo desde la creación en adelante. El salmista nos habló sobre el proceso de la creación:

> *Por la palabra del SEÑOR fueron creados los cielos, y por el soplo de su boca, las estrellas.*   (Salmo 33:6)

Donde la traducción en español dice *"soplo"*, en hebreo también puede referirse al *"espíritu"*, lo cual cambiaría la lectura a: *"Por la palabra del SEÑOR fueron creados los cielos, y por el [espíritu] de su boca, las estrellas"*. En otras palabras, los dos grandes agentes de la creación que hicieron existir todo el universo fueron la Palabra del Señor y el Espíritu del Señor, o el Espíritu Santo. Si volvemos a los versículos del comienzo de la Biblia que describen la creación, vemos esto mismo desplegado con mayor detalle. Génesis 1 dice:

> *La tierra era un caos total, las tinieblas cubrían el abismo, y el Espíritu de Dios iba y venía sobre la superficie de las aguas. Y dijo Dios: "¡Que exista la luz!".*
> *Y la luz llegó a existir.*   (Génesis 1:2–3)

La presencia del Espíritu de Dios estaba ahí en el caos de tinieblas, en el vacío, en la superficie. Las palabras *"iba y venía"* nos sugieren a un ave. Muchas veces, en las Escrituras, al Espíritu Santo se le identifica como la paloma celestial. Aquí tenemos la paloma del cielo, el Espíritu

Santo, yendo y viniendo sobre la oscuridad del abismo y la superficie de las aguas.

No hay distancia que pueda separarle de Dios.

El versículo tres dice: *"Y dijo Dios: "¡Que exista la luz!".* *Y la luz llegó a existir".* Aquí nuevamente están los dos agentes de la creación: el Espíritu de Dios y la Palabra de Dios. Cuando se unen, hay creación. Cuando el Espíritu de Dios y la Palabra de Dios están ahí, se crea algo nuevo: en este caso la luz. La luz aparece, formada por el Espíritu y la Palabra de Dios. Usted puede ver que el Espíritu Santo ha estado trabajando en el universo desde la creación hasta hoy, y siempre ha estado presente en todos lados en el universo. En un sentido, el Espíritu Santo es el agente activo y eficaz de la Divinidad.

El Espíritu Santo inspiró y capacitó a todos los hombres de Dios en el Antiguo Testamento. La lista es demasiado larga para nombrar a todos, pero consideraremos algunos ejemplos.

El primero es Bezalel, el hombre que diseñó y creó el arca y todo el mobiliario para el tabernáculo de Moisés. Escuche lo que el Señor dijo en Éxodo:

> *Toma en cuenta que he escogido a Bezalel, hijo de Uri* *y nieto de Jur, de la tribu de Judá, y lo he llenado del* *Espíritu de Dios, de sabiduría, inteligencia y capaci-* *dad creativa.*   (Éxodo 31:2–3)

Fue el Espíritu de Dios llenando a Bezalel lo que le dio la capacidad de producir una obra tan increíblemente creativa. Siempre me impresiona que es el primer hombre que las Escrituras nos cuentan que fue lleno del Espíritu de Dios. El resultado, en su caso, fue la capacidad creativa. Eso le da un gran valor a las manualidades.

En Deuteronomio, leemos acerca de Josué:

Entonces Josué hijo de Nun fue lleno de espíritu de sabiduría, porque Moisés puso sus manos sobre él. Los israelitas, por su parte, obedecieron a Josué e hicieron lo que el SEÑOR le había ordenado a Moisés.

(Deuteronomio 34:9)

Josué fue el gran líder militar que conquistó la Tierra Prometida, y fue capaz de hacerlo porque fue lleno del Espíritu de Dios.

En Jueces, leemos acerca de Gedeón:

Entonces Gedeón, poseído por el Espíritu del SEÑOR, tocó la trompeta, y todos los del clan de Abiezer fueron convocados a seguirlo. (Jueces 6:34)

El Espíritu del Señor vino sobre Gedeón y le hizo ser el líder poderoso que fue. Antes de eso, era un hombre tímido, acobardado en el lagar, incapaz de hacer nada eficaz, pero fue cambiado por el Espíritu de Dios cuando éste llegó sobre él.

Después leemos acerca de David, el gran rey y salmista, en 2 Samuel. Esto es lo que dijo David:

*Éstas son las últimas palabras de David: "Oráculo
de David hijo de Isaí, dulce cantor de Israel; hombre
exaltado por el Altísimo y ungido por el Dios de Jacob.
'El Espíritu del Señor habló por medio de mí; puso
sus palabras en mi lengua'".*   (2 Samuel 23:1–2)

David nos dio estos salmos tan hermosos porque: *"El
Espíritu del Señor habló por medio de mí; puso sus palabras
en mi lengua"*. Observe nuevamente que es el Espíritu de
Dios y la Palabra de Dios.

No podemos servir a Dios eficazmente sin el Espíritu Santo.

En 2 Pedro, Pedro resumió el ministerio de todos los
profetas del Antiguo Testamento cuando dijo:

*Porque la profecía no ha tenido su origen en la volun-
tad humana, sino que los profetas hablaron de parte
de Dios, impulsados por el Espíritu Santo.*
                                          (2 Pedro 1:21)

Ningún profeta trajo un verdadero mensaje de Dios
por iniciativa propia o por su propio pensamiento, razonamiento o entendimiento, sino que cada profeta fue inspirado (propulsado o llevado) por el Espíritu Santo. Eso hizo
que sus mensajes fueran más que humanos; se convirtieron
en mensajes de Dios mismo.

Al mirar los ejemplos de estos y otros muchos hombres, llegamos a la conclusión de que todos los hombres del

Antiguo Testamento que sirvieron a Dios lo hicieron de forma aceptable y eficaz sólo por el poder y la inspiración del Espíritu Santo. Seguramente esta es una lección para nosotros hoy. Si ellos no pudieron ser eficaces al servir a Dios sin el Espíritu Santo, nosotros tampoco.

Capítulo dos

El Espíritu Santo en la vida de Jesús

Ahora miraremos al Espíritu Santo en el ministerio y la enseñanza de Jesús mismo. Primero, tenemos que ver que Juan el Bautista, que vino específicamente para presentar a Jesús y preparar el camino para su ministerio, le presentó bajo un título en concreto: "el que bautiza con el Espíritu Santo".

> *Yo los bautizo a ustedes con agua para que se arrepientan. Pero el que viene después de mí es más poderoso que yo, y ni siquiera merezco llevarle las sandalias. Él los bautizará con el Espíritu Santo y con fuego.*
>
> (Mateo 3:11)

Observe la distinción entre Jesús y todos los hombres que habían venido antes que Él: "*Él los bautizará con el Espíritu Santo y con fuego*". Este ministerio de Jesús como el que bautiza con el Espíritu Santo se menciona en todos los evangelios. La Biblia le da una importancia particular a este asunto.

También encontramos que el Espíritu Santo era la única fuente de poder para todo el ministerio de Jesús. Hasta que el Espíritu Santo no vino sobre Jesús en el río Jordán tras el bautismo de Juan, Jesús nunca predicó ni llevó a cabo ningún milagro, sino que esperó a que el Espíritu Santo viniera sobre Él.

EL ESPÍRITU SANTO ERA LA ÚNICA FUENTE DE PODER DEL MINISTERIO DE JESÚS.

En el décimo capítulo de Hechos, Pedro, dirigiéndose a la multitud de gente reunida en la casa de Cornelio, describió el ministerio de Jesús:

> *Me refiero a Jesús de Nazaret: cómo lo ungió Dios con el Espíritu Santo y con poder, y cómo anduvo haciendo el bien y sanando a todos los que estaban oprimidos por el diablo, porque Dios estaba con él.*
>
> (Hechos 10:38)

La fuente y el poder del ministerio de Jesús en la tierra era el Espíritu Santo. Hemos señalado ya que Dios se revela como un Dios trino—tres personas en un Dios—Padre, Hijo y Espíritu. En este sólo versículo están identificadas las tres personas. Dios Padre ungió a Jesús Hijo con el Espíritu Santo. El resultado del Dios completo en acción a nivel de la humanidad fue la sanidad: *"y cómo anduvo haciendo el bien y sanando a todos los que estaban oprimidos por el diablo"*. Este es el secreto y la fuente del ministerio de Jesús.

Incluso tras la resurrección, Jesús aún dependió del Espíritu Santo. Este es un dato a destacar. En el primer capítulo de Hechos, Lucas comenzó con estas palabras:

> *Estimado Teófilo, en mi primer libro me referí a todo lo que Jesús comenzó a hacer y enseñar hasta el día en que fue llevado al cielo, luego de darles instrucciones por medio del Espíritu Santo a los apóstoles que había escogido.* (Hechos 1:1–2)

Lucas estaba hablando sobre el ministerio de Jesús durante los cuarenta días entre su resurrección y su ascensión. Dice que Jesús les dio instrucciones a sus apóstoles a través del Espíritu Santo. Jesús es nuestro patrón de total dependencia del Espíritu Santo. Él confió en el Espíritu Santo como el poder para sus milagros y su enseñanza, y no hizo nada separado del Espíritu Santo. El reto del ministerio de Jesús es también un reto para nosotros, para que dependamos del Espíritu Santo como Él lo hizo.

Jesús no sólo se movió en el poder del Espíritu Santo a lo largo de su ministerio, sino que también prometió que sus discípulos recibirían el mismo Espíritu Santo que le había capacitado e inspirado a Él. En Juan 7 leemos:

> *En el último día, el más solemne de la fiesta, Jesús se puso de pie y exclamó:—¡Si alguno tiene sed, que venga a mí y beba! De aquel que cree en mí, como dice*

la Escritura, brotarán ríos de agua viva. Con esto se referia al Espíritu que habrían de recibir más tarde los que creyeran en él. Hasta ese momento el Espíritu no había sido dado, porque Jesús no había sido glorificado todavía. (Juan 7:37–39)

Aquí tenemos un contraste tremendamente drástico. Primero se nos presenta a una persona sedienta: *"Si alguno tiene sed"*. Luego, a través de la llegada y morada del Espíritu Santo, esa misma persona que estaba sedienta y sin tener para él mismo se convierte en un canal para unos *"ríos de agua viva"*. Ya no tiene necesidad, sino que ahora es una fuente para satisfacer a otros a través del Espíritu Santo. Para cada creyente, el Espíritu Santo será un recurso ilimitado.

El escritor del Evangelio después sigue aclarando que, aunque la promesa fue dada durante el ministerio terrenal de Jesús, no sería cumplida hasta que Jesús no fuera glorificado, diciendo: *"Hasta ese momento el Espíritu no había sido dado, porque Jesús no había sido glorificado todavía"*.

PARA CADA CREYENTE, EL ESPÍRITU SANTO HA
DE SER UN RECURSO ILIMITADO.

En el capítulo catorce de Juan, Jesús les dijo a sus discípulos:

"Si ustedes me aman, obedecerán mis mandamientos. Y yo le pediré al Padre, y él les dará otro Consolador para que los acompañe siempre: el Espíritu de verdad,

a quien el mundo no puede aceptar porque no lo ve ni lo conoce. Pero ustedes sí lo conocen, porque vive con ustedes y estará en ustedes. No los voy a dejar huérfanos; volveré a ustedes". (Juan 14:15–18)

Hay algunos puntos importantes que debemos observar aquí. En primer lugar, Jesús dijo: *"Padre...les dará otro Consolador".* ¿Cuál es el significado de la palabra *"otro"* en ese contexto? Significa que Jesús, como persona, había estado con sus discípulos durante tres años y medio. En efecto, dijo: "Ahora les voy a dejar, pero cuando me vaya, otra persona, el Espíritu Santo, vendrá en mi lugar".

En segundo lugar, usó una palabra en concreto para describir al Espíritu Santo, que está traducida como *"Consolador"* en la *Nueva Versión Internacional.* La palabra griega es *parakletos,* y las versiones católicas lo traducen como *"Paráclito".* Un paráclito es alguien que está llamado para ayudar. Otras traducciones son *"Consolador"* y *"Ayudador".* Aquí tenemos los tres conceptos relacionados: consejero, consolador y ayudador.

En tercer lugar, Jesús siguió diciendo que el Espíritu Santo estará con los discípulos para siempre. De nuevo, hay un contraste con su propia relación con los discípulos. Básicamente estaba diciendo: "He estado con ustedes sólo unos tres años y medio. Ahora les dejo, y sus corazones están tristes. Sienten que se van a quedar sin ayuda, pero yo voy a enviarles otro ayudador, el Espíritu Santo, y cuando venga, nunca les dejará, y estará con ustedes para siempre". Después dice: *"No los voy a dejar huérfanos; volveré a* ustedes". La implicación aquí es que, sin el Espíritu Santo, ellos se habrían quedado como huérfanos que no tienen quien se preocupe de ellos, ni les ayude o instruya, pero a través del Espíritu Santo, se ha hecho una total provisión para ellos.

Un poco más adelante en el mismo discurso, Jesús regresó a este tema:

Pero les digo la verdad: Les conviene que me vaya porque, si no lo hago, el Consolador no vendrá a ustedes; en cambio, si me voy, se lo enviaré a ustedes.

(Juan 16:7)

Jesús les dejaba, pero otra persona estaba en camino para ocupar su lugar.

En Juan capítulo 16, Jesús volvió de nuevo a este mensaje vital:

Muchas cosas me quedan aún por decirles, que por ahora no podrían soportar. Pero cuando venga el Espíritu de la verdad, él los guiará a toda la verdad, porque no hablará por su propia cuenta sino que dirá sólo lo que oiga y les anunciará las cosas por venir. Él me glorificará porque tomará de lo mío y se lo dará a conocer a ustedes. Todo cuanto tiene el Padre es mío. Por eso les dije que el Espíritu tomará de lo mío y se lo dará a conocer a ustedes. (Juan 16:12–15)

Como esa promesa se cumplió, el Espíritu Santo es ahora el representante personal y residente de la Divinidad en la tierra. Es el intérprete, el revelador y el administrador del Padre y del Hijo. Jesús dijo *"que el Espíritu tomará de lo mío y se lo dará a conocer a ustedes"*. Pero añadió *"de lo mío"*, porque *"todo cuanto tiene el Padre es mío"*. El Espíritu Santo es entonces el intérprete, revelador y administrador de todo lo que tienen el Padre y el Hijo; todo queda revelado, interpretado y administrado por el Espíritu Santo.

Capítulo tres

LO QUE OCURRIÓ EN PENTECOSTÉS

Recuerde que Juan el Bautista presentó a Jesús como "el que bautiza en el Espíritu Santo". Fue su peculiar presentación para Israel. En segundo lugar, el Espíritu Santo era la fuente de poder de todo el ministerio y enseñanza de Jesús; Jesús dependía totalmente del Espíritu Santo. En tercer lugar, Jesús les prometió a sus discípulos que cuando Él fuera tomado al cielo, enviaría al Espíritu Santo en su lugar como su representante personal para ser su *Paráclito*—consejero, consolador o ayudador— alguien llamado a ayudarles.

Ahora queremos considerar el cumplimiento de esta promesa que hizo Jesús. En particular, examinaremos eso nuevo y tan maravilloso que ocurrió cuando descendió el Espíritu Santo en el día de Pentecostés. Como ocurre con muchas de las promesas de la Biblia, esta promesa del Espíritu Santo no se cumplió del todo de una sola vez, sino que se cumplió en fases. La primera fase ocurrió en lo que llamamos el domingo de Resurrección, que fue el día de la resurrección de Jesús. En el capítulo veinte de Juan, encontramos:

> *Al atardecer de aquel primer día de la semana, estando reunidos los discípulos a puerta cerrada por temor a los judíos, entró Jesús y, poniéndose en medio de ellos, los saludó. —¡La paz sea con ustedes! Dicho esto, les mostró las manos y el costado. Al ver al Señor, los discípulos se alegraron. —¡La paz sea con ustedes!— repitió Jesús—. Como el Padre me envió a mí, así yo los envío a ustedes. Acto seguido, sopló sobre ellos y les dijo:—Reciban el Espíritu Santo.*   (Juan 20:19–22)

El versículo veintidós dice algo importante. La palabra griega para Espíritu, *pneuma*, también significa "soplo" o "aire".[1] Este acto de soplar sobre ellos estaba relacionado con las palabras que Jesús habló, "**Sopló** *sobre ellos y les dijo:* **'Reciban el [soplo] Santo"** (énfasis añadido).

Creo que esta fue una de las fases más críticas y decisivas de todo el desarrollo del propósito de Dios de la redención. ¿Qué ocurrió en este dramático momento? Primero, en ese momento, esos primeros discípulos entraron en lo que yo llamaría la salvación del Nuevo Testamento. En Romanos, Pablo asentó los requisitos básicos de la salvación:

> *Que si confiesas con tu boca que Jesús es el Señor, y crees en tu corazón que Dios lo levantó de entre los muertos, serás salvo.*   (Romanos 10:9)

---

[1] *Strong's Exhaustive Concordance* (Thomas Nelson Publishers), s.v. G#4151 "pneuma".

Juan 20:19–22 fue el primer momento en que los discípulos realmente creyeron que Dios resucitó a Jesús de los muertos. Hasta ese momento, no podían entrar en la salvación como está presentada en el Nuevo Testamento. En el momento en que confesaron a Jesús como su Señor y creyeron que Dios le había resucitado de los muertos, fueron salvos según el concepto de salvación del Nuevo Testamento.

Pasamos de la vieja creación a la nueva a través del soplo del aliento de Dios.

Lo segundo que ocurrió fue que los discípulos fueron regenerados, o nacidos de nuevo, convirtiéndose en nuevas criaturas. Cada uno de ellos pasó de la vieja creación a la nueva a través del soplo del aliento de Dios. Para entender esto, debemos mirar atrás a la descripción de la creación original del hombre en Génesis:

> *Y Dios el Señor formó al hombre del polvo de la tierra, y sopló en su nariz hálito de vida, y el hombre se convirtió en un ser viviente.* (Génesis 2:7)

La primera creación del hombre ocurrió cuando Dios sopló hálito de vida (el espíritu de vida o el Espíritu Santo) en esa figura de barro que estaba en la tierra. El soplo del aliento de Dios, el Espíritu Santo, transformó esa figura de barro en un ser viviente. El pasaje de Juan, sin embargo, habla de la nueva creación descrita por Pablo en 2 Corintios 5:17: *"Por lo tanto, si alguno está en Cristo, es una nueva creación*". Hay un paralelismo directo entre la primera creación y la nueva creación.

En la nueva creación, Jesús es el Señor resucitado y el Salvador que ha vencido al pecado, la muerte, el infierno y Satanás. Habiendo hecho esto, se apareció a sus discípulos y sopló en ellos el hálito de vida resucitada. Esta fue una nueva clase de vida, una que había triunfado sobre todas las fuerzas del mal, la muerte y el pecado. A través de esta experiencia, los discípulos dejaron el antiguo orden y entraron en la salvación del Nuevo Testamento, en la nueva creación en Cristo, a través del soplo de vida resucitada que recibieron de Jesús.

No obstante, es importante entender que incluso después de esta experiencia del domingo de Resurrección, el cumplimiento total de la promesa del Espíritu Santo no se había cumplido aún. Tras la resurrección, Jesús les dijo a los discípulos:

> *Ahora voy a enviarles lo que ha prometido mi Padre; pero ustedes quédense en la ciudad hasta que sean revestidos del poder de lo alto.* (Lucas 24:49)

De manera aún más explícita, poco antes de su ascensión al cielo y alrededor de cuarenta días después del domingo de Resurrección, Jesús les dijo: *"Juan bautizó con agua, pero dentro de pocos días ustedes serán bautizados con el Espíritu Santo"* (Hechos 1:5).

Por medio de esto vemos que el domingo de Resurrección no fue el cumplimiento total de la promesa. Casi todos los teólogos y comentaristas de las Escrituras están de acuerdo en que el cumplimiento final y completo ocurrió en el día de Pentecostés, como se describe en Hechos:

Cuando llegó el día de Pentecostés, estaban todos juntos en el mismo lugar. De repente, vino del cielo un ruido como el de una violenta ráfaga de viento y llenó toda la casa donde estaban reunidos. Se les aparecieron entonces unas lenguas como de fuego que se repartieron y se posaron sobre cada uno de ellos. Todos fueron llenos del Espíritu Santo y comenzaron a hablar en diferentes lenguas, según el Espíritu les concedía expresarse.

(Hechos 2:1–4)

Pentecostés fue la manifestación exacta y el cumplimiento de la promesa. El Espíritu Santo descendió del cielo, en persona, en forma de un viento recio, les llenó a todos de forma individual y dio a cada uno el poder hablar de una forma nueva y sobrenatural en un lenguaje que nunca habían aprendido.

Al final de este segundo capítulo de Hechos, Pedro dio una explicación teológica de lo que había tenido lugar allí:

A este Jesús, Dios lo resucitó, y de ello todos nosotros somos testigos. Exaltado por el poder de Dios, y habiendo recibido del Padre el Espíritu Santo prometido, ha derramado esto que ustedes ahora ven y oyen.

(Hechos 2:32–33)

De nuevo, las tres personas de la Divinidad aparecen en este versículo. Jesús Hijo recibió al Espíritu Santo del

Padre y derramó el Espíritu Santo sobre los discípulos que esperaban en el aposento alto en Jerusalén. En ese momento, ocurrió el cumplimiento final de la promesa de la venida del Espíritu Santo. El Espíritu Santo mismo fue soltado del cielo por el Padre y el Hijo juntos, y descendió sobre los discípulos que estaban esperando en el aposento alto en Jerusalén.

Observe que, en este punto, Jesús no había sido resucitado solamente, sino que también había sido exaltado y glorificado. Recuerde también que en Juan 7:39 el escritor del evangelio había señalado que la promesa del Espíritu Santo no se podía cumplir hasta que Jesús hubiera sido glorificado.

Somos confrontados con dos domingos maravillosos y dramáticos. El primero es el domingo de Resurrección, donde tenemos al Cristo resucitado y la llenura del Espíritu. El segundo es el domingo de Pentecostés, donde tenemos al Cristo glorificado y el derramamiento del Espíritu. Recuerde que cada uno de ellos es un patrón para todos los creyentes, incluso en el día de hoy.

El domingo de Resurrección	El Cristo resucitado	La llenura del Espíritu
El domingo de Pentecostés	El Cristo glorificado	El derramamiento del Espíritu

Ahora resumiremos el significado permanente de los eventos que acabamos de examinar. En el día de

Pentecostés, el Espíritu Santo descendió a la tierra como una persona. Ahora es el representante residente y personal de la Divinidad en la tierra. Parece ser una ley (la cual no puedo explicar) que sólo una persona de la Divinidad puede estar de manera residente en la tierra a la vez. Durante algunos años fue Jesús Hijo, pero cuando Jesús se iba de regreso al cielo, prometió que otra persona vendría en su lugar que estaría con nosotros para siempre, no sólo por unos pocos años. Esa promesa fue cumplida en el día de Pentecostés. Jesús Hijo, como una persona, había regresado al cielo con el Padre. Entonces, del Padre y el Hijo juntos, vino el Espíritu Santo para ocupar el lugar de Jesús.

JESÚS PROMETIÓ QUE EL ESPÍRITU SANTO ESTARÍA CON NOSOTROS PARA SIEMPRE, NO SÓLO DURANTE UNOS POCOS AÑOS.

¿Dónde vive ahora el Espíritu Santo? Hay dos respuestas. Primero, vive en la iglesia, el cuerpo de Cristo. Pablo les preguntó a los creyentes corintios:

¿No saben que ustedes son templo de Dios y que el Espíritu de Dios habita en ustedes?

(1 Corintios 3:16)

Aquí Pablo estaba hablando sobre el templo colectivo del Espíritu Santo.

Segundo, en 1 Corintios 6:19, Pablo dijo algo incluso más dramático. Reveló que la morada del Espíritu Santo no es sólo el cuerpo colectivo de Cristo, sino también que el propósito de Dios es que el cuerpo de cada creyente sea la morada del Espíritu Santo.

> *¿Acaso no saben que su cuerpo es templo del Espíritu Santo, quien está en ustedes y al que han recibido de parte de Dios?*   (1 Corintios 6:19)

¡Esta es una de las afirmaciones más vertiginosas de la Biblia! Si somos creyentes en Jesucristo, nuestros cuerpos físicos son la morada de Dios Espíritu Santo.

Capítulo cuatro

EL AYUDADOR MORANDO
EN NOSOTROS

Qué significa para nosotros de una forma práctica que el Espíritu Santo haya venido para ser nuestro *Paráclito?* Comenzaremos volviendo a leer el pasaje de Juan 14 donde Jesús dio esta promesa específica:

> *Y yo le pediré al Padre, y él les dará otro Consolador para que los acompañe siempre: el Espíritu de verdad, a quien el mundo no puede aceptar porque no lo ve ni lo conoce. Pero ustedes sí lo conocen, porque vive con ustedes y estará en ustedes. No los voy a dejar huérfanos; volveré a ustedes.* (Juan 14:16–18)

Nuevamente, la palabra *Paráclito,* derivada de una fuente griega, simplemente se transliteró al español. Literalmente se refiere a alguien que está llamado a ponerse a su lado para ayudar. Un *paráclito* es alguien que puede hacer algo por usted que no podría hacer por usted mismo. La misma palabra griega se usa en 1 Juan:

> *Hijitos míos, estas cosas os escribo para que no pequéis; y si alguno hubiere pecado, abogado tenemos para con el Padre, a Jesucristo el justo.* (1 Juan 2:1 RVR)

Tenemos los dos mejores abogados del universo.

La palabra traducida aquí como "*Abogado*" es la palabra fuente para *Paráclito*. Nuestra palabra en español *abogado* proviene del latín: *ad*, "para"; y *bocata*, "llamado": "alguien llamado para o a". En casi todos los lenguajes derivados del latín, la palabra *abogado* significa alguien que habla en nuestra defensa. Todos conocemos la función de un defensor o abogado en nuestra cultura contemporánea.

Las Escrituras desvelan la hermosa verdad de que tenemos dos abogados. En la tierra, el Espíritu Santo pide por nuestra causa. Las cosas que no podemos decir bien, Él las dice por nosotros; las cosas que no entendemos, Él las interpreta por nosotros. En el cielo, Jesús es nuestro abogado con el Padre; Él pide por nuestra causa. Tan sólo deténgase a pensar en que tenemos los dos mejores abogados del universo. Tenemos a Jesucristo, el Hijo, a la diestra del Padre, y tenemos al Espíritu Santo en la tierra. Con estos dos abogados o apoderados, ¿cómo podríamos perder el caso?

Permítame ampliar lo que dijo Jesús sobre este abogado, que es nuestro *Paráclito*: nuestro apoderado, consolador, consejero y ayudador. Comentaré algunas cosas que
Jesús dijo en Juan 14:16–18, citado anteriormente.

El *"Padre...les dará otro Consolador"*. Debe entender
la importancia de la palabra *otro*, ya que indica una persona. Jesús dijo: "Yo soy una persona. Me voy a ir, y cuando lo
haga, otra persona vendrá para ser su ayudador. Yo he sido
su ayudador mientras estaba aquí, pero ahora me voy. Sin
embargo, no se van a quedar sin ayuda, porque habrá otro
ayudador que está en camino".

"*Para que los acompañe siempre*". Jesús dijo: "He estado con ustedes tres años y medio. Me voy, pero no se entris-
tezcan, porque viene otra persona en mi lugar y Él nunca
les dejará; estará con ustedes para siempre".

"*Vive con ustedes y estará en ustedes*". Es importante
la frase *"en ustedes"*. Este abogado o consolador va a vivir en
nosotros. Nosotros seremos su dirección de residencia.

"*No los voy a dejar huérfanos*". Por implicación, si Jesús
se hubiera ido y no hubiera hecho provisión para ellos, los
discípulos se habrían quedado como huérfanos, sin nadie
que se preocupara de ellos, los ayudara o les explicara las
cosas.

"*Volveré a ustedes*". Esto es muy importante. Cristo
volvió a sus discípulos en el Espíritu Santo. Mientras estaba
en la tierra en su cuerpo, Jesús sólo podía estar en un lugar
a la vez. Pudo hablar con Pedro, Juan o María Magdalena
de uno en uno, pero no podía hablar con los tres a la vez,

en diferentes conversaciones, al mismo tiempo. Estaba limitado por el tiempo y el espacio. Ahora, cuando vuelve a su pueblo en el Espíritu Santo, está libre de toda limitación de tiempo y espacio. Ahora puede estar en Australia, hablando con un hijo de Dios que esté en necesidad allí; puede estar en los Estados Unidos ungiendo a un predicador; puede estar en algún lugar del desierto o la jungla de África, fortaleciendo o sanando a un misionero. Él no está limitado, ha vuelto, pero ya no está sujeto a las limitaciones de tiempo y espacio.

Quiero ahondar un poco más en este tema del intercambio de personas: una persona yéndose, y otra persona viniendo. En Juan 16, Jesús dijo:

> *Ahora vuelvo al que me envió, pero ninguno de ustedes me pregunta: "¿A dónde vas?" Al contrario, como les he dicho estas cosas, se han entristecido mucho. Pero les digo la verdad: Les conviene que me vaya porque, si no lo hago, el Consolador no vendrá a ustedes; en cambio, si me voy, se lo enviaré a ustedes.*
>
> (Juan 16:5–7)

Este es un lenguaje muy claro. "Mientras esté con ustedes, en persona, en la tierra—dijo Jesús—, el Espíritu Santo tiene que quedarse en el cielo, como persona. Pero si yo me voy como persona, entonces enviaré a otra persona en Mi lugar: el Espíritu Santo". Es un intercambio de personas divinas. Durante un tiempo el Hijo como persona estuvo en la tierra, después regresó al cielo con su ministerio terminado. En su lugar vino el Espíritu Santo (otra persona divina) para continuar el ministerio que Jesús había empezado.

EL ESPÍRITU SANTO NO ESTÁ LIMITADO POR EL TIEMPO O EL ESPACIO.

Jesús dijo que era bueno para nosotros que Él se fuera. En concreto dice que *"les conviene"*. Esta es una declaración increíble. Estamos mejor con Jesús en el cielo y con el Espíritu Santo en la tierra de lo que estaríamos con Jesús en la tierra y el Espíritu Santo en el cielo. Pocas personas se dan cuenta de eso. Los cristianos siempre dicen: "Si hubiera vivido en los días en que Jesús estaba en la tierra". Pero Jesús dijo: "Están mejor ahora. Conmigo en el cielo y el Espíritu Santo en la tierra, tienen más de lo que tenían los que caminaron conmigo en la tierra".

Permítame interpretar esto a la luz de la experiencia de los primeros discípulos. Observe lo que ocurrió inmediatamente después de que el Espíritu Santo viniera. Se produjeron tres resultados inmediatos.

Primero, ellos entendieron el plan de Dios y el ministerio de Jesús mucho mejor de lo que lo habían entendido nunca mientras Jesús estuvo en la tierra. Es un hecho a destacar que hubieran sido tan lentos y limitados en su entendimiento, pero en el momento en que llegó el Espíritu Santo, tuvieron una comprensión totalmente diferente del ministerio y el mensaje de Jesús.

Segundo, se hicieron extremadamente valientes. Incluso después de la Resurrección, seguían aún escondiéndose tras las puertas, echando los cerrojos por temor a los judíos. No estaban dispuestos a levantarse y predicar y proclamar la verdad, ni estaban equipados. Sin embargo, en el momento en que vino el Espíritu Santo, eso cambió. Pedro les contó con valentía y sin rodeos a los judíos en Jerusalén toda la historia de Jesús y les echó en cara el hecho de su crucifixión. (Véase Hechos 2:22–36).

Tercero, tuvieron confirmaciones sobrenaturales. En el momento en que llegó el Espíritu Santo, comenzaron a producirse milagros. Fue como si Jesús hubiera vuelto con ellos en persona, porque Jesús dijo: "Cuando el Espíritu Santo vuelva, yo volveré con Él. Estaré con ustedes, y no les dejaré huérfanos".

Capítulo cinco

Revelación de la Palabra de Dios

El Espíritu Santo nos ayuda, consuela y suple nuestras necesidades de formas muy concretas. La primera forma que consideraremos es la revelación de la Palabra de Dios. El Espíritu Santo es el revelador e intérprete de la Palabra de Dios. En Juan 14, Jesús les dijo a sus discípulos:

> *Todo esto lo digo ahora que estoy con ustedes. Pero el Consolador, el Espíritu Santo, a quien el Padre enviará en mi nombre, les enseñará todas las cosas y les hará recordar todo lo que les he dicho.*
>
> (Juan 14:25–26)

Hay dos funciones del Espíritu Santo mencionadas en el versículo 26 que son importantes: Él nos hará recordar y nos enseñará. Iba a hacer recordar a los discípulos todo lo que Jesús les había enseñado. Entiendo que esto significa que la narración de los apóstoles en el Nuevo Testamento no está sujeta a la fragilidad de la memoria humana, sino que es inspirada por el Espíritu Santo. Puede que los discípulos no recordaran con total exactitud algunas cosas, pero aquello que debían recordar, el Espíritu Santo mismo lo trajo a su memoria.

El Espíritu Santo nos ayuda, consuela y suple nuestras necesidades de formas concretas.

Sin embargo, Él no sólo se ocupó del pasado, sino que también se ocupó del futuro. Les enseñó todo lo que tenían que aprender, y eso nos ocurre también hoy día. Él es nuestro maestro aquí en la tierra. Jesús fue el gran maestro mientras estuvo aquí en la tierra, pero ahora le ha entregado la tarea al Espíritu Santo, su representante personal. No importa lo que necesitemos saber sobre la Palabra de Dios, el Espíritu Santo está aquí para enseñarnos.

Esto situó a los discípulos al nivel de los profetas del Antiguo Testamento. Con relación a los profetas, Pedro escribió:

> *Porque la profecía no ha tenido su origen en la voluntad humana, sino que los profetas hablaron de parte de Dios, impulsados por el Espíritu Santo.*
>
> (2 Pedro 1:21)

La exactitud y la autoridad de los profetas del Antiguo Testamento eran las del Espíritu Santo mismo. Él era el responsable de lo que decían cuando vino a morar en ellos. Les inspiró y les guió, pero esto ocurre también con los escritos del Nuevo Testamento. Jesús se aseguró de que el Espíritu Santo les recordara a los discípulos todo lo que Él dijo y les enseñara todo lo que necesitaban saber aún. El Espíritu Santo es el verdadero autor de las Escrituras, tanto del Antiguo como del Nuevo Testamento. Pablo afirmó esto con mucha claridad en 2 Timoteo:

> *Toda la Escritura es inspirada por Dios y útil para enseñar, para reprender, para corregir y para instruir en la justicia.* (2 Timoteo 3:16)

La *Nueva Versión Internacional* usa la palabra "*inspirada*", la cual indica la actividad del Espíritu Santo. El Espíritu Santo es el que sopló toda la Escritura a través de los canales humanos por los que vino la Escritura.

La perfecta provisión de Dios para nosotros hace que mi corazón se alegre. El Espíritu Santo fue el autor de las Escrituras, y es también nuestro maestro personal de las Escrituras, con lo cual el autor mismo se convierte en el intérprete del Libro. ¿Quién podría interpretar mejor un libro que aquel que lo escribió? Yo mismo he escrito más de veinte libros. A veces oigo que otras personas interpretan mis libros, y a menudo lo hacen bien, pero siempre pienso: "Bueno, aquí se te ha olvidado esto", o "No has entendido esto del todo". En esta situación, el Espíritu Santo, que es el autor de las Escrituras, es también el intérprete. Él no se olvida de nada, y todo lo interpreta bien. Si le escuchamos y recibimos de Él, sabremos lo que realmente nos dice la Escritura.

La revelación de la Escritura fue un resultado inmediato el día de Pentecostés. Cuando el Espíritu Santo cayó, las multitudes dijeron: "¡Están borrachos!". Pero Pedro se levantó y dijo:

> *Éstos no están borrachos, como suponen ustedes. ¡Apenas son las nueve de la mañana! En realidad lo que pasa es lo que anunció el profeta Joel.*
>
> (Hechos 2:15–16)

Hasta ese momento, Pedro no había entendido la profecía de Joel. De hecho, tenía un entendimiento muy limitado de la enseñanza de Jesús, pero en el momento en que vino el Espíritu Santo, la Biblia cobró sentido para él de una forma nueva porque el autor estaba ahí para interpretar.

Ocurrió lo mismo con el apóstol Pablo. Había estado persiguiendo a la iglesia y rechazando las afirmaciones de Jesús. Hechos 9:17 dice:

> *Ananías se fue y, cuando llegó a la casa, le impuso las manos a Saulo y le dijo: "Hermano Saulo, el Señor Jesús, que se te apareció en el camino, me ha enviado para que recobres la vista y seas lleno del Espíritu Santo".*
>
> (Hechos 9:17)

Inmediatamente después de eso, Pablo comenzó a predicar en las sinagogas diciendo que Jesús era el Hijo de Dios, lo mismo que había estado negando hasta entonces. Cuando el Espíritu Santo vino sobre él, tuvo un entendimiento totalmente distinto. Fue como la transición de las tinieblas a la luz. No fue algo gradual, sino casi una transformación instantánea porque el Espíritu Santo, el maestro y autor de las Escrituras, estaba en Pablo.

EL ESPÍRITU SANTO ES TANTO EL INTÉRPRETE COMO EL AUTOR DE LAS ESCRITURAS.

Cuando hablamos del Espíritu Santo como el intérprete y revelador de la Palabra de Dios, debemos tener en mente que no sólo la Biblia es la Palabra de Dios, sino que Jesús mismo es llamado la Palabra de Dios. En el primer capítulo de Juan, leemos de Jesús:

> *En el principio ya existía el Verbo, y el Verbo estaba con Dios, y el Verbo era Dios.* (Juan 1:1)

En este versículo Jesús es llamado tres veces *"el Verbo"*. Más adelante, en el mismo capítulo, leemos:

> *Y el Verbo se hizo hombre y habitó entre nosotros. Y hemos contemplado su gloria, la gloria que corresponde al Hijo unigénito del Padre, lleno de gracia y de verdad.* (versículo 14)

La Biblia, la Escritura, es la Palabra escrita de Dios, y Jesús es la Palabra de Dios personal. Por supuesto, lo maravilloso es que están en total armonía y acuerdo.

El Espíritu Santo no sólo revela e interpreta la Palabra escrita de Dios, sino que también revela e interpreta la Palabra personal de Dios: Jesús. Esto es lo que dijo Jesús sobre el Espíritu Santo:

Muchas cosas me quedan aún por decirles, que por ahora no podrían soportar. Pero cuando venga el Espíritu de la verdad, él los guiará a toda la verdad, porque no hablará por su propia cuenta sino que dirá sólo lo que oiga y les anunciará las cosas por venir. Él me glorificará porque tomará de lo mío y se lo dará a conocer a ustedes. Todo cuanto tiene el Padre es mío. Por eso les dije que el Espíritu tomará de lo mío y se lo dará a conocer a ustedes. (Juan 16:12–15)

El versículo 12 nos dice que Jesús no intentó decirlo todo porque confiaba en el Espíritu Santo y sabía que el Espíritu Santo estaba de camino. Después explicó lo que haría el Espíritu Santo cuando viniera.

El Espíritu Santo toma lo que le pertenece a Jesús y nos lo da a conocer. Glorifica a Jesús por nosotros. Él revela a Jesús en su gloria, en su totalidad. El Espíritu Santo nos desvela cada aspecto de la naturaleza, carácter y ministerio de Jesús.

Es muy interesante notar que una vez que el Espíritu Santo descendió sobre los apóstoles y los discípulos en el día de Pentecostés en Jerusalén, nunca más tuvieron dudas sobre dónde estaba Jesús. Sabían que estaba en la gloria a la diestra del Padre. El Espíritu Santo había glorificado a Jesús para los discípulos. Había tomado las cosas de Cristo—en las Escrituras, en sus memorias y en sus contactos con Jesús—y se las había revelado a los discípulos.

El Espíritu Santo revela y glorifica a Jesús, y también administra todas las riquezas del Padre y del Hijo porque todo lo que tiene el Padre le ha sido entregado al Hijo, y todo lo que el Hijo tiene, el Espíritu Santo lo administra. En otras palabras, toda la riqueza de la Divinidad la administra el Espíritu Santo. No es de extrañar que no tengamos que ser huérfanos cuando Él es nuestro administrador y toda la riqueza de Dios está a su disposición.

Capítulo seis

LEVANTADO A UN PLANO SOBRENATURAL

La siguiente consecuencia principal de la venida del Espíritu Santo es que somos levantados a un plano de vida sobrenatural. Hay dos versículos extremadamente interesantes en Hebreos que describen a los cristianos según el estándar del Nuevo Testamento:

> *Aquellos que han sido una vez iluminados, que han saboreado el don celestial, que han tenido parte en el Espíritu Santo y que han experimentado la buena palabra de Dios y los poderes del mundo venidero.*
>
> (Hebreos 6:4–5)

Aquí se enumeran cinco cosas sobre los creyentes del Nuevo Testamento:

+ Primero, han sido *"iluminados"*.

+ Segundo, han *"saboreado el don celestial"*, que creo que es el don de la vida eterna en Jesús.

+ Tercero, han *"tenido parte en el Espíritu Santo"*, o han sido participantes del Espíritu Santo.

+ Cuarto, han *"experimentado la buena palabra de Dios"*; esto es, la Palabra de Dios se ha convertido en algo vivo y real para ellos.

+ Quinto, han *"experimentado...los poderes del mundo venidero"*.

A TRAVÉS DEL ESPÍRITU SANTO PODEMOS EXPERIMENTAR EL MUNDO VENIDERO.

Como cristianos, creemos que funcionaremos de una forma totalmente diferente en el mundo venidero. Seremos liberados de muchas de las limitaciones de nuestros cuerpos físicos, porque Dios nos dará diferentes tipos de cuerpos y estilos de vida totalmente diferentes. Pero muchos cristianos no se dan cuenta de que, a través del Espíritu Santo, podemos saborear un poco de este estilo de vida ahora mismo en esta vida. Podemos saborear *"los poderes del mundo venidero"*. Sólo podemos probarlos, no apropiarnos de ellos totalmente, aunque podemos conocer un poco más cómo será la próxima vida durante esta vida.

Pablo usó una frase muy interesante en relación con esto. En su carta a la iglesia de Éfeso, escribió a los creyentes:

En él también vosotros, habiendo oído la palabra de verdad, el evangelio de vuestra salvación, y habiendo creído en él, fuisteis sellados con el Espíritu Santo de la promesa, que es las arras de nuestra herencia hasta la redención de la posesión adquirida, para alabanza de su gloria. (Efesios 1:13–14)

¡La palabra *"arras"* es una palabra fascinante! El Espíritu Santo es las arras de Dios en nosotros, ahora mismo, para el mundo venidero. He realizado un estudio de la palabra que se usa aquí. En el griego, es la palabra *arrhabon*, que realmente es una palabra hebrea.[2]

Hace años, probablemente alrededor del año 1946, mientras vivía en Jerusalén, tuve una experiencia muy interesante que ilustró para mí de manera hermosa el significado de la palabra *arrhabon* o *"arras"*. Mi primera esposa y yo fuimos a la ciudad antigua para comprar algún material para hacer cortinas para nuestro nuevo hogar. Vimos el material que queríamos, preguntamos el precio (digamos que era un dólar el metro), y le dijimos al dependiente que queríamos cincuenta metros. Le dije al hombre: "Eso es lo que queremos", y me dijo el precio: 50 dólares. "Bien", le dije, "no traigo cincuenta dólares ahora mismo. Aquí tiene diez dólares como arras. Me quedo con el material; apártemelo, y no se lo venda a nadie más, que yo volveré con el resto del dinero y me llevaré las cortinas". Pues bien, eso es lo que significa la palabra *arrhabon*.

---

[2] *Strong's Exhaustive Concordance* (Thomas Nelson Publishers), s.v. H#6162 "arrhabon".

El Espíritu Santo es las arras del Señor en nosotros. Él hace un anticipo de la vida del mundo venidero en nosotros ahora mismo dándonos al Espíritu Santo. Cuando recibimos ese anticipo, somos como esas cortinas, hemos sido apartados y no nos pueden vender a ningún otro. Es la garantía de que Él volverá con el resto para completar la compra. Por eso Pablo habló sobre tener unas arras "*hasta la redención de la posesión adquirida*". Ya le pertenecemos, pero sólo hemos recibido el anticipo; el pago completo está por realizarse.

El Espíritu Santo es el anticipo de nuestra vida en Dios en el siglo venidero. Esta vida sobrenatural se extiende a cada área de nuestra experiencia.

Quiero citar un pasaje de mi libro *Purposes of Pentecost* [Propósitos de Pentecostés] que enfatiza esto. En ese libro escribí lo siguiente:

Si estudiamos el Nuevo Testamento con una mente abierta, nos sentimos forzados a reconocer que toda la vida y experiencia de los primeros cristianos estaba impregnada en cada aspecto por lo sobrenatural. Las experiencias sobrenaturales no eran algo incidental, o adicional; eran una parte integral de toda su vida como cristianos. Sus oraciones eran sobrenaturales, su predicación era sobrenatural, eran guiados sobrenaturalmente, capacitados sobrenaturalmente, transportados sobrenaturalmente, protegidos sobrenaturalmente.

Quite lo sobrenatural del libro de Hechos y se quedará con algo carente de significado o coherencia.

Desde la venida del Espíritu Santo en Hechos 2 en adelante, es imposible encontrar un sólo capítulo en el cual lo sobrenatural no desempeñe una parte esencial.

En el relato del ministerio de Pablo en Éfeso, encontramos una expresión llamativa y que nos hace pensar:

> *Dios hacía milagros extraordinarios por medio de Pablo.* (Hechos 19:11)

Considere las implicaciones de la frase *"milagros extraordinarios"*. El griego se podría traducir de un modo un tanto libre como, "milagros de una clase que no ocurren todos los días". Los milagros eran algo diario en la iglesia primitiva. Normalmente no causaban una sorpresa o un comentario especial, pero los milagros llevados a cabo aquí en Éfeso a través del ministerio de Pablo eran tales que la iglesia primitiva los vio como dignos de especial mención.

¿En cuántas iglesias hoy encontraríamos la ocasión de usar la frase "milagros de una clase que no ocurren todos los días"? ¿En cuántas iglesias en la actualidad ocurren milagros alguna vez, y mucho menos todos los días?

Un área en que lo sobrenatural se manifestó particularmente en las vidas de los primeros cristianos era en la dirección sobrenatural que recibían del Espíritu Santo. En Hechos 16, leemos sobre Pablo y sus compañeros en su segundo viaje misionero. Estaban en lo que llamamos Asia Menor actualmente, y la Escritura dice:

> *Ya que el Espíritu Santo les había impedido que predicaran la palabra en la provincia de Asia....Intentaron pasar a Bitinia, pero el Espíritu de Jesús* [o Jesús a través del Espíritu Santo] *no se lo permitió.*
>
> (Hechos 16:6–7)

Entonces intentaron ir hacia el oeste, y el Espíritu Santo no les dejó. Luego intentaron ir al noroeste, y el Espíritu Santo dijo: "No". El pasaje continúa:

> *Entonces, pasando de largo por Misia, bajaron a Troas. Durante la noche Pablo tuvo una visión en la que un hombre de Macedonia, puesto de pie, le rogaba: "Pasa a Macedonia y ayúdanos". Después de que Pablo tuvo la visión, en seguida nos preparamos para partir hacia Macedonia, convencidos de que Dios nos había llamado a anunciar el evangelio a los macedonios.*
>
> (Hechos 16:8–10)

Este es un incidente muy significativo, y es nuestro ejemplo de la intervención sobrenatural y la negativa del Espíritu Santo. En esa situación geográfica hubiera sido algo natural para ellos ir, o bien al oeste hacia Asia o al noroeste a Bitinia. No era algo natural pasar esas dos áreas, ir al noroeste y luego cruzar al continente europeo.

DIOS EJECUTA SU PROPÓSITO DIVINO A TRAVÉS DE LA INICIATIVA DEL ESPÍRITU SANTO.

Sin embargo, si volvemos a leer la historia posterior de la iglesia, vemos que el continente de Europa jugó un papel único: en primer lugar, preservando el evangelio durante la Edad Media; y en segundo lugar, al convertirse en el principal continente durante muchos años para enviar la Palabra de Dios a otras naciones. Dios tenía un propósito soberano que incluía muchos siglos por delante. Pablo y sus compañeros de viaje nunca lo podrían haber descubierto por su razonamiento natural, pero a través de la dirección sobrenatural del Espíritu Santo lograron caminar en el propósito total de Dios. Toda la historia ha sido afectada por esa guía sobrenatural del Espíritu Santo en sus vidas.

Este es sólo un ejemplo de muchas de las intervenciones sobrenaturales del Espíritu Santo en las vidas de los primeros cristianos.

Capítulo siete

Ayuda en la oración

La tercera forma vitalmente importante en que el Espíritu Santo nos ayuda es en nuestras oraciones. En Romanos 8:14 Pablo describió nuestra necesidad de la guía del Espíritu Santo para dirigir la vida cristiana:

Porque todos los que son guiados por el Espíritu de Dios son hijos de Dios.

Para ser cristiano, debe nacer del Espíritu de Dios, pero para vivir como un cristiano y madurar después de nacer de nuevo, tiene que ser guiado continuamente por el Espíritu de Dios. La forma verbal que Pablo usó aquí es el presente continuo. *"Porque todos los que son* [continuamente] *guiados por el Espíritu de Dios son hijos de Dios".* Ya no son más bebés, sino hijos e hijas maduros.

...lante en Romanos, Pablo aplicó este principio ...do por el Espíritu de Dios particularmente a nuestra vida de oración. Enfatizó la necesidad de la guía del Espíritu Santo para orar correctamente.

> *Así mismo, en nuestra debilidad el Espíritu acude a ayudarnos. No sabemos qué pedir, pero el Espíritu mismo intercede por nosotros con gemidos que no pueden expresarse con palabras. Y Dios, que examina los corazones, sabe cuál es la intención del Espíritu, porque el Espíritu intercede por los creyentes conforme a la voluntad de Dios.* (Romanos 8:26–27)

Pablo habló aquí sobre una debilidad que todos tenemos. No es una debilidad física, sino una debilidad de la mente y el entendimiento. No sabemos por qué cosas hemos de orar, y no sabemos cómo orar.

No sabemos por qué cosas orar, y no sabemos cómo orar.

A menudo he desafiado a congregaciones pidiendo a la gente que alce sus manos si *siempre* han sabido por qué cosas orar y cómo orar. Ni una sola vez nadie se ha atrevido a levantar su mano ante esta pregunta. Creo que todos somos lo suficientemente honestos para reconocer que cuando queremos orar, a menudo no sabemos por qué cosas orar. A veces, incluso creyendo que sabemos por qué orar, no sabemos cómo orar por ello. Pablo llamó a esto *"nuestra debilidad"*. Pero nos dijo que Dios envía a su Espíritu Santo para ayudarnos en esa debilidad, para saber por qué orar y cómo orar por ello. En cierto sentido, el lenguaje de Pablo sugiere que el Espíritu Santo se mueve y hace la oración a través de nosotros.

La clave para orar de forma eficaz es aprender a identificarnos tanto con el Espíritu Santo que podamos someternos a Él. Así podemos dejarle que nos guíe, dirija, inspire, fortalezca, y muchas veces incluso que ore a través de nosotros.

El Nuevo Testamento revela muchas formas en que el Espíritu Santo puede ayudarnos, y a continuación enumeraré unas cuantas.

La primera forma la podemos ver en estos versículos de Romanos 8:26–27. Pablo dijo: *"El Espíritu mismo intercede por nosotros con gemidos que no pueden expresarse con palabras"*. Yo llamaría a esto *intercesión*, que es uno de los puntos elevados de la vida cristiana. Después habló sobre *"gemidos que no pueden expresarse con palabras"*. Nuestras mentes finitas y limitadas no tienen las palabras para orar aquello por lo que se necesita orar. Por tanto, una de las formas en que el Espíritu Santo viene a ayudarnos es orando a través de nosotros con gemidos que no se pueden expresar con palabras.

Esta es una experiencia muy sagrada, un esfuerzo espiritual que termina en un nacimiento espiritual. Isaías alude a esto:

Sin embargo, Sión dio a luz sus hijos cuando apenas comenzaban sus dolores.　　　(Isaías 66:8)

No se puede producir ninguna reproducción espiritual real en la iglesia sin un esfuerzo espiritual en oración. Cuando Sion apenas comenzaba a tener dolores, dio a luz a sus hijos.

Pablo confirma esto en Gálatas:

> *Queridos hijos, por quienes vuelvo a sufrir dolores de parto hasta que Cristo sea formado en ustedes.*
>
> (Gálatas 4:19)

Pablo les había predicado a estas personas y se habían convertido, pero para que se convirtieran en lo que tenían que ser, Pablo reconoció que se necesitaba algo más que predicaciones; tuvo que hacer oraciones de intercesión. Describió que la oración de intercesión es como los *"dolores de parto"*, o como vimos anteriormente, *"gemidos que no pueden expresarse con palabras"*.

Una segunda forma en que el Espíritu Santo nos ayuda en la oración es *iluminando nuestra mente*. Aquí no ora realmente a través de nosotros como hemos visto, pero nos muestra en nuestra mente aquello por lo que necesitamos orar y cómo hemos de hacerlo. Hay dos pasajes de las epístolas que hablan sobre la obra del Espíritu Santo en nuestra mente. En Romanos leemos:

> *No se amolden al mundo actual, sino sean transformados mediante la renovación de su mente. Así podrán comprobar cuál es la voluntad de Dios, buena, agradable y perfecta.* (Romanos 12:2)

Sólo una mente renovada puede conocer la voluntad de Dios, incluso en lo tocante a la oración. El capítulo cuatro de Efesios dice:

Ser renovados en la actitud de su mente.

(Efesios 4:23)

El Espíritu Santo es quien renueva nuestra mente. Cuando el Espíritu Santo viene y renueva nuestra mente, comenzamos a entender la voluntad de Dios, y comenzamos a saber cómo orar de acuerdo a la voluntad de Dios. Esta segunda manera en que el Espíritu Santo nos ayuda es renovando nuestra mente, iluminándola y revelándonos cómo orar.

La tercera forma en que el Espíritu Santo nos ayuda es *poniendo las palabras correctas en nuestra boca*, a menudo de forma inesperada. Siempre que me refiero a esto, pienso en un incidente que tuve con mi primera esposa. Estábamos en Dinamarca, su país de origen, a finales de octubre. Nos íbamos al día siguiente para pasar todo el mes de noviembre en Inglaterra. Yo soy inglés, así que sé que el mes de noviembre en Inglaterra es frío, sombrío, brumoso y cubierto de neblinas. Mientras orábamos el día antes de salir para Inglaterra, oí que Lydia decía: "¡Danos un buen clima durante todo el tiempo que estemos en Inglaterra!". Casi me caigo de la cama donde estábamos sentados orando.

Después, cuando le pregunté si sabía lo que había pedido, Lydia contestó: "¡No, no me acuerdo!". Esa fue una prueba inequívoca para mí de que era el Espíritu Santo.

El Espíritu Santo pone las palabras correctas en nuestra boca.

"Bueno", dije yo, "le has pedido a Dios que nos dé un buen clima todo el tiempo que estemos en Inglaterra, y sabes cómo es Inglaterra en noviembre". Ella simplemente se encogió de hombros. Pasamos todo el mes de noviembre en Inglaterra, ¡y no tuvimos ni un sólo día de frío y lluvia! Fue como una buena primavera.

Cuando nos fuimos a finales de noviembre, le dije a las personas que nos fueron a dejar al aeropuerto: "¡Cuidado, porque cuando nos vayamos el tiempo va a cambiar!". ¡Y vaya si cambió! Esa fue una oración que el Espíritu Santo puso en la boca de Lydia. Era lo que el Señor quería que ella orase en ese momento.

Una cuarta forma en que el Espíritu Santo nos ayuda en la oración es una que se menciona muchas veces en el Nuevo Testamento. *Nos da un lenguaje nuevo y desconocido*, uno que la mente natural no puede conocer. Algunas personas hoy hablan de esto como un lenguaje de oración. Pablo dijo en su primera carta a los corintios:

> *Porque el que habla en lenguas no habla a los demás sino a Dios. En realidad, nadie le entiende lo que dice, pues habla misterios por el Espíritu.*
>
> (1 Corintios 14:2)

Y en el versículo 4 de este mismo capítulo, Pablo dijo: "*El que habla en lenguas se edifica a sí mismo*".

Este tipo de oración realiza tres funciones básicas:

* Primero, cuando oramos en una lengua desconocida, no estamos hablando a los hombres, sino a Dios. Para mí, esto en sí mismo es un privilegio enorme.

* Segundo, estamos diciendo cosas que nuestra mente no entiende. Estamos hablando misterios y compartiendo los secretos de Dios.

* Tercero, al hacerlo, nos edificamos a nosotros mismos.

Más adelante en 1 Corintios, Pablo dijo:

Porque si yo oro en lenguas, mi espíritu ora, pero mi entendimiento no se beneficia en nada.

(1 Corintios 14:14)

Esta es una situación en que el Espíritu Santo no ilumina la mente, sino que simplemente nos da un nuevo lenguaje y ora a través de nosotros en ese lenguaje. No debemos usar una forma de oración en perjuicio de la otra. Pablo dice muy claramente: *"Pues orar con el espíritu, pero también con el entendimiento"* (versículo 15). Ambos tipos de oración son posibles.

Cuando recibimos al Espíritu Santo, nos rendimos a Él y le dejamos obrar en nosotros de acuerdo a la Escritura, hay una riqueza tremenda y una gran variedad en nuestra vida de oración. Esto es lo que Dios quiere para cada uno de nosotros.

Capítulo ocho

VIDA Y SALUD PARA NUESTRO CUERPO

La cuarta función del Espíritu Santo como *Paráclito* es su impartición de vida y salud sobrenatural en nuestro cuerpo físico. Jesús vino para darnos vida, como dijo en Juan 10:10:

> *El ladrón no viene más que a robar, matar y destruir; yo he venido para que tengan vida, y la tengan en abundancia.*

Tenemos delante a dos personas, y necesitamos distinguir muy bien entre las dos: el dador de vida, Jesús, y el ladrón de vida, Satanás. El diablo sólo viene a nuestra vida para quitarnos vida. Viene para robar las bendiciones y provisiones de Dios; viene para matarnos físicamente y destruirnos eternamente. Cada uno de nosotros tenemos que darnos cuenta de que si permitimos que el diablo tenga parte en nuestra vida, eso es lo que va a hacer: robar, matar y destruir hasta donde se lo permitamos.

RECHAZAR AL ESPÍRITU SANTO ES RECHAZAR LA VIDA DIVINA QUE JESÚS VINO A DARNOS.

En cambio, Jesús vino a hacer exactamente lo opuesto: vino para *"que tengan vida, y la tengan en abundancia"*. Es importante para nosotros darnos cuenta de que esta vida que Jesús vino a darnos la administra el Espíritu Santo. Sólo tenemos su vida en la proporción en que permitimos que el Espíritu Santo haga su obra en nosotros. Si resistimos o rechazamos la obra del Espíritu Santo, entonces no podemos experimentar la plenitud de la vida divina que Jesús vino a traernos. Tenemos que entender que fue el Espíritu Santo quien resucitó el cuerpo mortal de Jesús de la tumba. En Romanos, Pablo dijo esto en relación con Jesús:

> *Pero que según el Espíritu de santidad fue designado con poder Hijo de Dios por la resurrección.*
>
> (Romanos 1:4)

"El Espíritu de santidad" es una traducción griega de la frase hebrea para el Espíritu Santo. Aunque Pablo estaba escribiendo en griego, estaba pensando en hebreo. Por eso, cuando Pablo dijo: *"según el Espíritu de santidad"*, es como si hubiera dicho: "Según el Espíritu Santo, Jesús fue manifestado o declarado como el Hijo de Dios por el poder que le levantó de los muertos (esto es, el poder del Espíritu Santo)".

En secciones anteriores señalé que, en cierto sentido, este era el clímax del proceso redentor de Dios en este siglo: que Dios mismo, en la persona del Espíritu Santo, debería morar en nuestro cuerpo físico y hacerlo su templo o su morada. En el capítulo 8 de Romanos, Pablo dijo esto:

> Pero si Cristo está en ustedes, el cuerpo está muerto a causa del pecado, pero el Espíritu que está en ustedes es vida a causa de la justicia. Y si el Espíritu de aquel que levantó a Jesús de entre los muertos vive en ustedes, el mismo que levantó a Cristo de entre los muertos también dará vida a sus cuerpos mortales por medio de su Espíritu, que vive en ustedes.
>
> (Romanos 8:10–11)

La implicación del versículo 10 es que cuando Cristo viene, cuando somos convertidos y regenerados, termina una vieja vida y comienza una nueva. La vida vieja y carnal se termina, y nuestro espíritu despierta con la vida de Dios. Después Pablo siguió diciendo, en el versículo 11, lo que significa esto para nuestro cuerpo físico. De manera muy clara, la misma persona, el mismo poder que resucitó el cuerpo de Jesús de la tumba ahora mora y habita en el cuerpo de cada creyente entregado, e imparte a cada cuerpo mortal el mismo tipo de vida que impartió al cuerpo mortal de Jesús y el mismo tipo de poder que le resucitó con un cuerpo eterno.

Este proceso de impartir vida divina a nuestro cuerpo no será consumado hasta la resurrección general de los muertos. Es importante entender que ahora no tenemos cuerpos de resurrección, pero lo que sí tenemos es vida de resurrección en nuestros cuerpos mortales. Pablo explicó aún más, en diferentes pasajes, que esta vida de resurrección en nuestro cuerpo mortal puede atender todas las necesidades físicas de nuestro cuerpo hasta el momento en que Dios separe el espíritu del cuerpo y nos llame a casa.

Debemos entender cómo fueron formados nuestros cuerpos al principio, porque todo tiene que ver. Génesis dice:

> *Y Dios el Señor formó al hombre del polvo de la tierra, y sopló en su nariz hálito de vida, y el hombre se convirtió en un ser viviente.* (Génesis 2:7)

¿Qué fue lo que produjo el cuerpo físico del hombre? Fue el Espíritu de Dios que nos fue dado lo que transformó un pedazo de barro en un ser humano viviente con todos los milagros y maravillas de un cuerpo humano en funcionamiento. El Espíritu Santo en un principio trajo a la existencia el cuerpo físico. Lo único que tiene sentido es que sea Él quien lo sustente. Es algo muy lógico que todos los cristianos deberían ver. La sanidad divina y la salud divina son lógicas a la luz de la Escritura.

TENEMOS VIDA DE RESURRECCIÓN EN NUESTROS CUERPOS MORTALES.

Por ejemplo, si se le estropea el reloj, usted no lo lleva al zapatero, sino que lo lleva al relojero. Ahora aplique este mismo razonamiento: si su cuerpo se estropea, ¿dónde lo lleva? En mi opinión, lo lógico es llevarlo al que hizo el cuerpo, y ese es el Espíritu Santo.

Aquí, en Estados Unidos, estamos familiarizados con la frase: "Carrocería de Fisher", la cual vemos en los chasis o carrocerías de muchos de nuestros autos más comunes. Cuando veo a un cristiano, digo: "Carrocería del Espíritu Santo". Es Él quien le dio su cuerpo, el que sostiene su cuerpo y el que da poder a su cuerpo.

El testimonio de Pablo es impresionante. En 2 Corintios dijo:

> He trabajado más arduamente, he sido encarcelado más veces, he recibido los azotes más severos, he estado en peligro de muerte repetidas veces. Cinco veces recibí de los judíos los treinta y nueve azotes. Tres veces me golpearon con varas, una vez me apedrearon, tres veces naufragué, y pasé un día y una noche como náufrago en alta mar. (2 Corintios 11:23–25)

Es casi increíble que un hombre pudiera sufrir todo eso y a la vez ser tan activo, tan saludable y tan valiente. ¿Cuál era el poder que sustentaba a Pablo en todo esto? El poder del Espíritu Santo. Este es el relato del apedreamiento de Pablo en Listra:

> En eso llegaron de Antioquía y de Iconio unos judíos que hicieron cambiar de parecer a la multitud. Apedrearon a Pablo y lo arrastraron fuera de la ciudad, creyendo que estaba muerto. Pero cuando lo rodearon los discípulos, él se levantó y volvió a entrar

en la ciudad. Al día siguiente, partió para Derbe en
compañía de Bernabé. (Hechos 14:19–20)

¡Vaya hombre! He oído a algunas personas sugerir que
Pablo era un inválido que caminaba la mayor parte del
tiempo enfermo. Mi comentario al respecto es este: "Si
Pablo era un inválido, ¡por favor Dios, danos más inválidos
como Pablo!".

Hemos visto brevemente el relato sorprendente de
la resistencia física y la perseverancia del apóstol Pablo.
Ahora analizaremos su secreto. ¿Qué dice él al respecto?
En 2 Corintios 4, Pablo relató:

Pero tenemos este tesoro en vasijas de barro para que
se vea que tan sublime poder viene de Dios y no de
nosotros. Nos vemos atribulados en todo, pero no aba-
tidos; perplejos, pero no desesperados; perseguidos,
pero no abandonados; derribados, pero no destruidos.
Dondequiera que vamos, siempre llevamos en nuestro
cuerpo la muerte de Jesús, para que también su vida
se manifieste en nuestro cuerpo. Pues a nosotros, los
que vivimos, siempre se nos entrega a la muerte por
causa de Jesús, para que también su vida se manifieste
en nuestro cuerpo mortal. Así que la muerte actúa en
nosotros, y en ustedes la vida. (2 Corintios 4:7–12)

Los versículos 7 y 8 nos dicen que no somos diferentes
tipos de personas en nosotros mismos, sino que tenemos un
tipo diferente de poder en nosotros. Cosas que aplastarían
a otros hombres no tienen por qué aplastarnos a nosotros,

porque tenemos un poder en nosotros que nos hace ser resistentes.

Encontramos un hermoso contraste en el versículo 10. Hemos de vernos como muertos con Jesús, y cuando lo hacemos, Su vida se manifiesta en nuestro cuerpo físico. Está muy claro que no es en el mundo venidero, sino en este siglo cuando la vida de resurrección sobrenatural de Jesús en nosotros por el Espíritu Santo ha de manifestarse en nuestro cuerpo físico.

Las últimas palabras del versículo 11 son significativas: *"para que también su vida se manifieste en nuestro cuerpo mortal"*. Y no es una presencia interior y secreta que nadie más pueda ver, sino una presencia que produce tales resultados en nuestro cuerpo físico que es evidente para todos los demás. La vida de resurrección de Jesús está revelada en nuestro cuerpo mortal.

El versículo 12 nos dice que cuando recibimos la sentencia de muerte en nosotros y llegamos al final de nuestra fuerza y capacidades físicas, entonces un nuevo tipo de vida funciona a través de nosotros a favor de otros.

> *Por tanto, no nos desanimamos. Al contrario, aunque por fuera nos vamos desgastando, por dentro nos vamos renovando día tras día.*   (2 Corintios 4:16)

El hombre interior se desgasta, pero hay una vida en el hombre interior que se renueva cada día. La vida interior, sobrenatural y milagrosa de Dios se ocupa de las necesidades del hombre exterior para cada uno de nosotros.

Capítulo nueve

DERRAMAMIENTO DE AMOR DIVINO

La más grande y maravillosa de todas las bendiciones que el Espíritu Santo nos ofrece es el derramamiento del amor divino de Dios en nuestros corazones. El capítulo 5 de Romanos dice:

> *En consecuencia, ya que hemos sido justificados mediante la fe, tenemos paz con Dios por medio de nuestro Señor Jesucristo. También por medio de él, y mediante la fe, tenemos acceso a esta gracia en la cual nos mantenemos firmes. Así que nos regocijamos en la esperanza de alcanzar la gloria de Dios. Y no sólo en esto, sino también en nuestros sufrimientos, porque sabemos que el sufrimiento produce perseverancia; la perseverancia, entereza de carácter; la entereza de carácter, esperanza. Y esta esperanza no nos defrauda, porque Dios ha derramado su amor en nuestro*

corazón por el Espíritu Santo que nos ha dado.
(Romanos 5:1–5)

El clímax viene en el versículo 5: "*Y esta esperanza no nos defrauda, porque Dios ha derramado su amor en nuestro corazón por el Espíritu Santo que nos ha dado*".

Pablo bosqueja algunas etapas de progresión espiritual en estos cinco versículos, las cuales me gustaría repasar muy brevemente.

- La primera etapa es que "*tenemos paz con Dios*".

- Segundo, tenemos acceso a la gracia de Dios por medio de la fe.

- Tercero, nos regocijamos en la esperanza de la gloria de Dios, la esperanza de algo en el futuro.

- Cuarto, también nos regocijamos en los sufrimientos por los resultados que el sufrimiento produce en nosotros cuando los recibimos correctamente.

Pablo después enumeró tres resultados sucesivos del sufrimiento cuando este se soporta correctamente: lo primero, perseverancia; lo segundo, entereza de carácter y en tercer lugar, esperanza.

Luego llegamos al clímax: el amor de Dios es derramado en nuestro corazón por el Espíritu Santo. Aquí, la palabra para "*amor*" es la palabra griega *ágape*, que en el Nuevo Testamento está normalmente, aunque no invariablemente, restringida al propio amor de Dios. Normalmente, el amor *ágape* no se puede lograr humanamente salvo por el Espíritu Santo. En la mayoría de los casos, nunca podemos producir el amor *ágape* en nuestro hombre natural.

EL AMOR ÁGAPE SE ENTREGA A SÍ MISMO.
NO PONE CONDICIONES.

Más adelante en el capítulo 5, Pablo definió la naturaleza del amor *ágape*. Él explica cómo se manifestó en Dios y en Cristo:

> *A la verdad, como éramos incapaces de salvarnos, en el tiempo señalado Cristo murió por los malvados. Difícilmente habrá quien muera por un justo, aunque tal vez haya quien se atreva a morir por una persona buena. Pero Dios demuestra su amor por nosotros en esto: en que cuando todavía éramos pecadores, Cristo murió por nosotros.* (Romanos 5:6–8)

Cuando Cristo murió por nosotros, según Pablo, había tres palabras que nos describían: *"incapaces"*, *"malvados"* y *"pecadores"*. Es el amor ágape que se entrega a sí mismo y no pone ninguna condición previa. No es un amor que dice que usted debe ser bueno o que haga esto o aquello. Se entrega gratis, incluso a los que menos lo merecen, a los más desamparados y los más indignos.

Ahora veremos en el Nuevo Testamento las varias fases en las que se produce en nosotros el amor *ágape*. Primero, es el producto del nuevo nacimiento. En 1 Pedro leemos:

> *Ahora que se han purificado obedeciendo a la verdad*
> *y tienen un amor sincero por sus hermanos, ámense*
> *de todo corazón los unos a los otros. Pues ustedes han*
> *nacido de nuevo, no de simiente perecedera, sino de*
> *simiente imperecedera, mediante la palabra de Dios*
> *que vive y permanece.* (1 Pedro 1:22–23)

La posibilidad de amar con el amor *ágape* comienza con el nuevo nacimiento: el nuevo nacimiento de la semilla eterna e incorruptible de la Palabra de Dios que produce un nuevo tipo de vida en nosotros. El amor *ágape* es la naturaleza misma de esa nueva vida. El capítulo cuatro de 1 Juan dice:

> *Queridos hermanos, amémonos los unos a los otros,*
> *porque el amor viene de Dios, y todo el que ama ha*
> *nacido de él y lo conoce. El que no ama no conoce a*
> *Dios, porque Dios es amor.* (1 Juan 4:7–8)

Puede ver que este tipo de amor es la marca del nuevo nacimiento. Una persona que ha nacido de nuevo lo tiene; la persona que no ha nacido de nuevo no puede tenerlo.

Pablo describe la siguiente fase de este proceso de impartirnos amor divino:

> *Y esta esperanza no nos defrauda, porque Dios ha de-*
> *rramado su amor en nuestro corazón por el Espíritu*
> *Santo que nos ha dado.* (Romanos 5:5)

Después del nuevo nacimiento, en esa nueva naturaleza que se produce a través del nuevo nacimiento, el Espíritu

Santo derrama la totalidad del amor de Dios en nuestros corazones. Estamos inmersos en amor, y hemos sido puestos en contacto con un suministro inagotable: todo el amor de Dios ha sido derramado en nuestros corazones por el Espíritu Santo. Quiero enfatizar que es algo divino, inagotable y sobrenatural, algo que sólo el Espíritu Santo puede hacer.

Compare lo que dijo Jesús en Juan 7:

En el último día, el más solemne de la fiesta, Jesús se puso de pie y exclamó: —¡Si alguno tiene sed, que venga a mí y beba! De aquel que cree en mí, como dice la Escritura, brotarán ríos de agua viva. Con esto se refería al Espíritu que habrían de recibir más tarde los que creyeran en él. (Juan 7:37–39)

Usted puede ver el contraste. Primero, tenemos a un hombre sediento que no tiene suficiente para sí mismo; pero cuando el Espíritu Santo viene, ese hombre sediento se convierte en un canal de ríos de agua viva. Ese es el amor de Dios derramado en nuestro corazón. No es un amor humano, no es sólo una porción del amor de Dios, sino todo el amor de Dios, y nosotros simplemente nos sumergimos en él. El amor infinito, interminable y total de Dios tiene un canal por el que fluir en nuestras vidas por el Espíritu Santo. Un hombre sediento se convierte en un canal de ríos de agua viva.

Ahora veremos el famoso capítulo del amor escrito por Pablo que se encuentra en 1 Corintios. Al final del capítulo 12, dijo: *"Ahora les voy a mostrar un camino más excelente"*

(1 Corintios 12:31). Ese *"camino más excelente"* está desvelado en los primeros versículos del capítulo 13:

> *Si hablo en lenguas humanas y angelicales, pero no tengo amor, no soy más que un metal que resuena o un platillo que hace ruido. Si tengo el don de profecía y entiendo todos los misterios y poseo todo conocimiento, y si tengo una fe que logra trasladar montañas, pero me falta el amor, no soy nada. Si reparto entre los pobres todo lo que poseo, y si entrego mi cuerpo para que lo consuman las llamas, pero no tengo amor, nada gano con eso.* (1 Corintios 13:1–3)

Es importante ver que todos los dones y manifestaciones del Espíritu Santo tienen la intención de ser canales o instrumentos del amor divino. Si no usamos esos dones y los ponemos a disposición del amor de Dios, estaremos frustrando los propósitos de Dios. Podremos tener todos los dones, pero seremos sólo como un metal que resuena o un címbalo que hace ruido. No seremos nada, y no tendremos nada sin el amor divino.

En el versículo 1 Pablo dijo: *"Si hablo en lenguas humanas y angelicales, pero no tengo amor, no soy más que un metal que resuena o un platillo que hace ruido"*. Cuando el Espíritu Santo viene, viene a un corazón que ha sido purificado por fe y que se ha vuelto a Dios. Más tarde, es posible secarse, perder el propósito de Dios o no hacer un buen uso de lo que Dios nos ha dado. En ese caso, ocurre lo que dijo Pablo: *"no soy más que un metal que resuena o un platillo que hace ruido"*. En efecto, dijo: "Yo no era así cuando lo recibí, pero a base de salirme del propósito, me he convertido en esto, y he frustrado el propósito de Dios".

Compare eso con lo que dijo Pablo en 1 Timoteo:

Debes hacerlo así para que el amor brote de un corazón limpio, de una buena conciencia y de una fe sincera. Algunos se han desviado de esa línea de conducta.

(1 Timoteo 1:5–6)

El objetivo de todo ministerio cristiano es el amor. El propósito de Dios para el cristiano es la expresión coherente del amor divino.

EL PROPÓSITO DE DIOS PARA EL CRISTIANO ES LA EXPRESIÓN COHERENTE DEL AMOR DIVINO.

Resumiré las tres fases de este proceso de impartición del amor de Dios hacia nosotros:

La primera fase es el nuevo nacimiento. Cuando nacemos de nuevo, somos capaces de tener el amor *ágape*.

La segunda es el derramamiento de la totalidad del amor de Dios en nuestro corazón por el Espíritu Santo que nos es dado. Los inagotables recursos de Dios quedan a nuestra disposición.

Tercero, la expresión de ese amor se lleva a cabo en el diario vivir a través de la disciplina y el entrenamiento del carácter. Es aquí cuando el amor que viene de Dios queda disponible para los demás seres humanos a través de nosotros.

La primera vez que vi las cataratas del Niágara, equiparé la tremenda cantidad de agua al amor de Dios cuando es derramado. Después pensé: "Sin embargo, su verdadero propósito no se cumple meramente en el derramamiento. Sólo cuando ese poder es canalizado y usado para llevar luz, calor y electricidad a los habitantes de muchas de las grandes ciudades del continente americano es cuando se logra su propósito".

Así sucede con nosotros. Recibimos el amor de Dios cuando nacemos de nuevo; es derramado sobre nosotros por el Espíritu Santo, pero sólo está disponible para otros seres humanos si es canalizado a través de nuestras vidas en disciplina y entrenamiento.

Capítulo diez

Cómo abrirse al Espíritu Santo

ómo podemos abrirnos al Espíritu Santo, recibimos su llenura y a través de Él recibimos todas las bendiciones prometidas? Leeremos algunos versículos que hablan de las condiciones que hemos de reunir para recibir la llenura del Espíritu Santo. Dios nos pide que cumplamos un número de aspectos esenciales.

Arrepentimiento y bautismo

Hechos 2:37–38 es el final del discurso de Pedro el día de Pentecostés, y da la respuesta de la gente a su mensaje:

Cuando oyeron esto, todos se sintieron profundamente conmovidos y les dijeron a Pedro y a los otros apóstoles:—Hermanos, ¿qué debemos hacer? [Esta fue una pregunta concreta, y la Palabra de Dios da una respuesta específica]—*Arrepiéntase y bautícese cada uno de ustedes en el nombre de Jesucristo para perdón de sus pecados—les contestó Pedro—, y recibirán el don del Espíritu Santo.* (Hechos 2:37–38)

Aquí tenemos la promesa: "*y recibirán el don del Espíritu Santo*". También tenemos dos condiciones claramente expuestas: "*Arrepiéntase y bautícese*". Arrepentirse significa apartarnos sinceramente de toda pecaminosidad y rebelión y someternos sin reservas a Dios y sus requisitos. Bautizarse es llevar a cabo un mandamiento o sacramento por medio del cual cada uno de nosotros queda identificado ante el mundo de manera personal y visible con Jesucristo en su muerte, sepultura y resurrección. Por tanto, hay dos requisitos básicos y principales para recibir el don del Espíritu Santo: debemos arrepentirnos y debemos bautizarnos.

PEDIRLO A DIOS

En Lucas 11, Jesús dijo:

Así que yo les digo: Pidan, y se les dará; busquen, y encontrarán; llamen, y se les abrirá la puerta. Porque todo el que pide, recibe; el que busca, encuentra; y al que llama, se le abre. ¿Quién de ustedes que sea padre, si su hijo le pide un pescado, le dará en cambio una serpiente? ¿O si le pide un huevo, le dará un escorpión? Pues si ustedes, aun siendo malos, saben dar cosas buenas a sus hijos, ¡cuánto más el Padre celestial dará el Espíritu Santo a quienes se lo pidan!

(Lucas 11:9–13)

Si se lo pedimos, el Padre nos dará el Espíritu Santo.

Aquí tenemos una condición muy simple pero a la vez muy importante. Jesús dijo que el Padre daría el Espíritu Santo a sus hijos si ellos se lo piden. He oído a cristianos que dicen: "Yo no necesito pedir el Espíritu Santo". Debo decirle que esto no es bíblico. Jesús estaba hablándoles a sus discípulos, y dijo: "El Padre celestial dará el Espíritu Santo *a quienes se lo pidan*". En otra parte, Jesús dijo que iría al Padre y le pediría al Padre que enviara el Espíritu Santo a sus discípulos. Lo que yo creo es que si Jesús tuvo que pedirle al Padre, no nos hará ningún daño si nosotros también se lo pedimos. Esta es, pues, la tercera condición: pedir.

Tener sed

En el capítulo 7 de Juan, tenemos tres sencillas condiciones más:

En el último día, el más solemne de la fiesta, Jesús se puso de pie y exclamó: —¡Si alguno tiene sed, que venga a mí y beba! De aquel que cree en mí, como dice la Escritura, brotarán ríos de agua viva. Con esto se refería al Espíritu que habrían de recibir más tarde los que creyeran en él. Hasta ese momento el Espíritu no había sido dado, porque Jesús no había sido glorificado todavía. (Juan 7:37–39)

El autor del evangelio deja muy claro que en este pasaje Jesús estaba hablando sobre creyentes que reciben el Espíritu Santo. Con esto en mente, veamos lo que dijo Jesús. "*¡Si alguno tiene sed, que venga a mí y beba!*". Estos son tres requisitos simples pero prácticos.

El primero es que debemos estar sedientos. Dios no impone sus bendiciones sobre la gente que siente que no las necesita. Muchas personas nunca reciben la llenura del Espíritu Santo porque no están verdaderamente sedientos. Si cree que ya tiene todo lo que necesita, ¿por qué le iba a molestar Dios dándole más? Es muy probable que no esté haciendo el mejor uso de lo que ya tiene, así que caería bajo una condenación mayor si Dios le diera más.

Esta es una condición esencial: tener sed. Estar sediento significa que usted ha reconocido que necesita más de lo que ya tiene. De hecho, la sed es uno de los deseos más fuertes del cuerpo humano. Cuando la gente está verdaderamente sedienta, no se preocupa de la comida ni de ninguna otra cosa, porque lo único que quiere es beber. Yo pasé tres años en desiertos en el norte de África, y tengo una buena imagen de lo que significa estar sediento. Cuando un hombre está sediento, no regatea ni habla ni discute, sino que simplemente va donde está el agua. Eso es lo que Jesús estaba diciendo: usted debe estar sediento.

Acudir a Jesús

Después, si está sediento, Él dijo: "*Venga a mí*". Por tanto, la segunda condición es acudir a Jesús. Jesús es el que "bautiza con el Espíritu Santo". Si quiere el bautismo, debe acudir a aquel que bautiza con el Espíritu Santo. Ningún ser humano bautiza con el Espíritu Santo, sólo Jesús.

Beber

Después Él dijo que debe usted beber. Esto es tan simple que algunas personas lo pasan por alto, pero beber es recibir algo dentro de usted por una decisión de su voluntad y una respuesta física. También es parte de recibir el Espíritu Santo. Tener sed, acudir a Jesús y beber son cosas esenciales. Tener un comportamiento pasivo y decir: "Bueno, si Dios quiere hacerlo, ¡que lo haga!" no es beber. Beber es recibirlo en su interior de una manera activa.

Rendirse

Consideremos dos factores relevantes más, que ya hemos visto en secciones previas, en relación con nuestros cuerpos físicos. Primero, Dios ha destinado nuestro cuerpo para ser el templo del Espíritu Santo. Primera de Corintios 6:19 dice:

> *¿Acaso no saben que su cuerpo es templo del Espíritu Santo, quien está en ustedes y al que han recibido de parte de Dios?*

Segundo, se requiere de nosotros que ofrezcamos o rindamos a Dios las partes de nuestro cuerpo como instrumentos para su servicio. Esta es nuestra responsabilidad. El capítulo 6 de Romanos dice:

*No ofrezcan los miembros de su cuerpo al pecado como
instrumentos de injusticia; al contrario, ofrézcanse más
bien a Dios como quienes han vuelto de la muerte a
la vida, presentando los miembros de su cuerpo como
instrumentos de justicia.*   (Romanos 6:13)

Tenemos una responsabilidad en base a las Escrituras
de ofrecer, rendir o dedicar los diferentes miembros de
nuestro cuerpo físico a Dios para su servicio. Un miembro
en particular que necesita el control de Dios es la lengua.
Santiago lo dijo de manera muy sencilla en su epístola:

Pero nadie puede domar la lengua.   (Santiago 3:8)

NECESITAMOS AYUDA DE DIOS PARA CONTROLAR NUESTRA LENGUA.

Necesitamos la ayuda de Dios para controlar todos los
miembros de nuestro cuerpo, pero necesitamos una ayuda especial con nuestra lengua. Cuando el Espíritu Santo
viene y nos llena, el primer miembro que afecta, del que
toma control y utiliza para la gloria de Dios es la lengua.
Si dedica tiempo a revisarlo, descubrirá que cada vez que el
Nuevo Testamento habla de gente llena con Espíritu Santo
o llena del Espíritu Santo, el resultado más inmediato es
algún tipo de declaración con su boca. Hablan, profetizan,
alaban, cantan, hablan en lenguas, pero siempre es algo
que involucra la boca. Cuando acudimos a Jesús y bebe-
mos, el resultado final será un desbordamiento, y será de

su boca. Jesús se refirió a este principio de forma muy clara en Mateo 12:34:

De la abundancia del corazón habla la boca.

Cuando su corazón está lleno hasta rebosar, el desbordamiento ocurrirá a través de su boca con palabras. Dios quiere que no sólo tenga suficiente, sino que tenga hasta rebosar. Recuerde, Él dijo: *"De aquel que cree en mí…brotarán ríos de agua viva"* (Juan 7:38). Ese es el propósito final de Dios.

LOS REQUISITOS DE DIOS

Las siguientes son las siete condiciones que he encontrado en la Biblia para recibir la llenura del Espíritu Santo:

1. Arrepentirse.

2. Ser bautizado.

3. Pedirle a Dios.

4. Tener sed.

5. Acudir a Jesús; Él es el que bautiza.

6. Beber: recibirlo dentro de usted.

7. Presentar su cuerpo como templo para el Espíritu Santo y sus miembros como instrumentos de justicia.

Quizá se haya quedado pensando cómo puede hacer todo esto. Quiero ayudarle compartiendo un patrón de oración que incluye las cosas que he estado explicando en este libro. Vuelva a leerlo, y si es también su oración, ore en voz alta al Señor.

Señor Jesús, estoy sediento de la llenura de tu Espíritu Santo. Te presento mi cuerpo como templo y mis miembros como instrumentos de justicia, especialmente mi lengua, el miembro que no puedo domar. Te pido que me llenes, y que tu Espíritu Santo fluya a través de mis labios como ríos de alabanza y adoración. Amén.

Si hizo esta oración de manera sincera, le garantizo que ha sido oída, y los resultados están en camino. Puede que se quede muy sorprendido de la llenura que recibirá.

Acerca del autor

Derek Prince (1915–2003) nació en Bangalore, India, dentro de una familia militar británica. El fue educado como un escolar en lenguas clásicas (griego, latín, hebreo, y arameo) en el Colegio de Eton, y en la Universidad de Cambridge en Inglaterra, y más tarde en la Universidad Hebrea en Israel. Como estudiante, él fue un filósofo y se proclamaba a sí mismo como un ateo. El dirigió una comunidad de estudiantes en las cátedras de filosofía antigua y filosofía moderna en el Colegio King en Cambridge.

Mientras que se encontraba en las fuerzas armadas del ejército británico, dentro del contingente médico, durante la Segunda Guerra Mundial, Prince comenzó a estudiar la Biblia como una obra filosófica. Siendo convertido a través de un encuentro poderoso con Cristo Jesús, él fue bautizado en el Espíritu Santo, pocos días más tarde. Esta experiencia transformadora alteró todo el curso de su vida, la cual él dedicó más tarde a estudiar y enseñar la Biblia como la Palabra de Dios.

Habiendo sido dado de baja del ejército en Jerusalén, en el año de 1945, se casó con Lydia Christensen, quien era la fundadora de una casa para niños huérfanos en ese lugar. Después de haberse casado, de inmediato se convirtió en padre de las ocho hijas que Lydia había adoptado—seis niñas judías, una niña árabe palestina, y una niña inglesa. Todos juntos como familia, tuvieron la oportunidad de ver el nuevo nacimiento del estado de Israel en el año de 1948. A finales de los años 1950s, la familia Prince adoptó otra hija mientras que Derek se encontraba trabajando como el director de un colegio en Kenia.

En 1963, la familia Prince emigró a los Estados Unidos de América y Derek pastoreó una iglesia en Seattle. Movidos por la tragedia del asesinato de John F. Kennedy, él comenzó a enseñarle a los americanos como podían interceder por su propia nación. En 1973, él se convirtió en uno de los fundadores de la organización Intercesores para América. Su libro llamado *Shaping History through Prayer and Fasting* (*Moldeando la Historia a Través de la Oración y el Ayuno*) ha despertado a los cristianos alrededor de todo el mundo para que vuelvan a tomar su responsabilidad de orar por sus propios gobiernos. Muchos consideran las traducciones subterráneas de este libro como un instrumento básico en la caída de los regímenes comunistas en la Unión Soviética, Alemania Oriental y Checoslovaquia.

Lydia Prince murió en 1975, y Derek se casó con Ruth Baker (una madre soltera que había adoptado tres hijos) en 1978. Él conoció a su segunda esposa, de la misma manera como había conocido a la primera, mientras que estaba sirviendo al Señor en Jerusalén. Ruth murió en diciembre de 1998 en Jerusalén, donde ellos habían vivido desde el año de 1981.

Fue sólo pocos años antes de su propia muerte en el año de 2003, a la edad de 88 años, que Prince persistió en el ministerio al cual Dios lo había llamado para viajar por todo el mundo, impartiendo la verdad revelada de Dios, orando por los enfermos y afligidos, y compartiendo sus puntos de vista proféticos con relación a eventos mundiales, comparados ante la luz de las Escrituras. Él escribió más de cuarenta y cinco libros, los cuales han sido traducidos en más de sesenta idiomas, y distribuidos por todo el mundo. Él comenzó enseñanzas en temas que nunca habían sido tocados antes, tales como las maldiciones generacionales, la importancia bíblica de Israel, y la demonología.

El ministerio de Derek Prince con sus oficinas internacionales en Charlotte, estado de Carolina del Norte, sigue distribuyendo sus enseñanzas, y entrenando ministerios, líderes de iglesias, y congregaciones a través de las sucursales que tienen por todo el mundo. Su programa de radio, *Keys to Successful Living* ("Claves para vivir exitosamente"), conocido ahora como *Derek Prince Legacy Radio* ("Legado de la radio de Derek Prince"), comenzó en el año de 1979, y ha sido traducido a más de una docena de idiomas. Se estima que las enseñanzas de la Biblia de Derek Prince, claras, interdenominacionales, que en ninguna forma son sectarias, han alcanzado más de la mitad del globo terrestre.

Reconocido internacionalmente como un erudito de la Biblia y como un patriarca espiritual, Derek Prince ha establecido un ministerio de enseñanza que abarcó seis continentes y que duró más de sesenta años. En el año 2002, él dijo, "Es mi deseo—y yo creo que es el deseo del Señor—que este ministerio continúe esta obra, la cual Dios comenzó a través de mi hace más de sesenta años, y que lo haga, hasta que Jesús regrese otra vez".